L'APUREMENT

DES COMPTES

EN MÉNAGE

COMÉDIE EN UN ACTE

PAR

ALFRED NANCEY

PARIS

IMPRIMERIE DE J. CLAYE

RUE SAINT-BENOIT

—

1873

L'APUREMENT

DES COMPTES

EN MÉNAGE

Y

Clavel, Imprimeur
C. Benoit & à Paris

C.

L'APUREMENT

DES COMPTES

EN MÉNAGE

COMÉDIE EN UN ACTE

PAR

ALFRED NANCEY

PARIS

IMPRIMERIE DE J. CLAYE

RUE SAINT-BENOIT

—

1873

PERSONNAGES :

LE MARQUIS DE FUSTEMBERG.

LE BARON DE FORTENCRAC, même personnage, 35 ans.

LA MARQUISE DE FUSTEMBERG, 26 ans.

LE DOCTEUR, 70 ans.

MANETTE, femme de chambre de la marquise.

———————

La scène se passe à Paris, chez la marquise de Fustemberg
Sous la Régence.

L'APUREMENT

DES COMPTES

EN MÉNAGE

Le boudoir de la marquise de Fustemberg. Mobilier très-élégant. Porte au fond. Portes latérales. Il est minuit.

SCÈNE PREMIÈRE.

LA MARQUISE, en coquet déshabillé de nuit,
LE DOCTEUR.

Ils poursuivent une conversation commencée.

LA MARQUISE, larmoyant.

Ah! mon Dieu! que je suis malheureuse! n'est-ce pas, mon bon docteur, que je suis bien malheureuse!

LE DOCTEUR.

Mais cependant, ma chère marquise... il me semble... Permettez-moi de vous faire respectueusement observer...

LA MARQUISE, l'interrompant.

Taisez-vous! Vous allez dire encore quelque sottise.
Vous m'agacez! Si vous continuez longtemps sur ce ton,
je vous égratigne! Est-ce que vous vous imaginez par
hasard que je vous ai envoyé réveiller à minuit pour que
vous me contredisiez sans cesse? La rage, le dépit m'empê-
chaient de dormir, voilà tout. Il me fallait à tout prix un
écho pour répondre à mes plaintes et j'ai pensé de suite
à vous. J'espère que c'est assez gentil de ma part!

LE DOCTEUR.

On ne peut plus aimable... toutefois!

LA MARQUISE.

Ah! docteur! vous vous moquez de moi, c'est affreux!
Vous! ma dernière planche de salut, vous m'abandon-
nez? Hélas! me serais-je donc trompée en plaçant ma
confiance sur votre tête? Seriez-vous passé à l'ennemi?
seriez-vous un traître?

LE DOCTEUR.

Madame, pouvez-vous le croire? quand mon dévoue-
ment irait pour vous jusqu'à... eh bien! oui! jusqu'à me
faire arracher mon dernier cheveu blanc!

LA MARQUISE.

C'est bon ! j'accepte vos excuses, mais n'y revenez plus ! Rappelez-vous que vous devez faire ici l'écho et pas davantage ! Répétez voir un peu mes paroles ! « Moi, vieillard vénérable, blanchi dans la contemplation des misères humaines, je jure que je n'en ai jamais rencontré de plus navrante que celle qui s'offre en ce moment à mes yeux ! » -

LE DOCTEUR, répétant.

« Moi, vieillard vénérable, blanchi dans la contemplation des misères humaines, je jure que je n'en ai jamais rencontré de plus navrante que celle qui s'offre en ce moment à mes yeux. »

LA MARQUISE.

Pas trop mal ! Allez toujours ! un peu plus d'expression : « La marquise Ida, qui avait en dot cent mille livres de rente, qui est fraîche comme un bouton de rose, et qui paraît jeune comme une aurore de mai...

LE DOCTEUR.

C'est pourtant vrai ! C'est étonnant après dix ans de mariage ! Quel âge avez-vous donc, sans indiscrétion?

LA MARQUISE.

Qu'est-ce que ça vous fait, par exemple ? Vous apprendrez, malhonnête, qu'une jolie femme ne doit jamais avoir plus de seize ans pour ses adorateurs !

LE DOCTEUR.

Pardon ! Je vais réparer mes torts. (Déclamant.) « La mignonne marquise Ida, ce diamant dont les feux vous aveuglent, cette fleur cueillie dans l'Éden .. »

LA MARQUISE.

Mieux ! beaucoup mieux !

LE DOCTEUR.

« Cette rose, dis-je, cueillie dans l'Éden, grillait du désir naturel de faire ce soir, 25 décembre, une moisson d'hommages au bal de l'Opéra, où le régent doit paraître, et n'eût certes pas manqué de s'atteler le premier à son char ! Horreur ! Cette infortunée se trouve confinée dans son appartement par un époux barbare et criminel, qui va, lui, l'infâme, prodiguer sans contrôle gênant les trésors de son esprit en l'honneur de péronnelles qui, toutes en bloc, ne valent pas la fossette du menton de sa moitié ! »

LA MARQUISE.

Très-bien. Ajoutez : « Et la pauvrette en est réduite à la compagnie d'un médecin cacochyme! » Hi! hi! Pleurez donc!

LE DOCTEUR.

Hi! hi!

LA MARQUISE.

Pas comme cela! Plus douloureusement! Vous avez l'air d'éternuer!

LE DOCTEUR.

Hi! hi!

LA MARQUISE.

A la bonne heure! N'est-ce pas qu'on fouillerait vainement dans l'histoire pour découvrir un exemple plus frappant du despotisme et de la tyrannie des hommes? Chez les peuplades sauvages de l'Afrique, chez les Caraïbes eux-mêmes... Vous avez été chez les Caraïbes, docteur?

LE DOCTEUR.

Oui, il y a une vingtaine d'années, en qualité de chirurgien d'une expédition qui avait pour but de fournir des matériaux au savant Smelfungus! C'est même avec les documents que nous recueillîmes qu'il rédigea ce fameux mémoire qui a révolutionné le monde scientifique et dont le titre était : « L'homme est un singe dégénéré !... »

LA MARQUISE.

Alors vous ne nierez pas que que mesdames les épouses des potentats de ce pays, sont beaucoup mieux traitées que nous autres habitantes d'une contrée soi-disant civilisée. D'abord je parie qu'elles peuvent s'habiller suivant leur guise et que jamais on ne leur fait de tracasseries saugrenues par rapport à leur toilette.

LE DOCTEUR.

Quant à cela, c'est parfaitement exact : elles ont la liberté de se décolleter suivant leur caprice et de se passer autant d'anneaux dans le nez, les lèvres et les oreilles que la fantaisie leur en prend.

LA MARQUISE.

Voyez-vous ! J'en étais sûr ! Et moi, quand on pense que M. le marquis a refusé de m'emmener parce qu'il a prétendu, au dernier moment, que mon costume (oh ! un amour de petit costume, que j'avais ruminé huit jours et huit nuits) était un peu trop... n'était pas assez... Des prétextes, quoi ! Hi ! hi ! Docteur, conduisez-moi chez les Caraïbes tout de suite. Si vous refusez d'abord je vais avoir une attaque de nerfs.

LE DOCTEUR.

Je ne demande pas mieux. Comment donc ? Mais, avant de partir, je dois vous faire une confidence !

LA MARQUISE.

Laquelle ? Parlez vite ! Que vous êtes lambin ! On dirait que vous prononcez toujours une condamnation à mort, c'est-à-dire une ordonnance.

LE DOCTEUR.

C'est que vous ne trouverez pas chez ces messieurs les qualités qui distinguent le sémillant vicomte et l'entreprenant chevalier, ni rien qui leur ressemble. Le roi Topinambour, un superbe homme dans son genre, quoiqu'on l'ait fait infuser dans un tonneau de chocolat, manque, il faut bien vous l'avouer, des premières notions de la galanterie française.

LA MARQUISE.

Vous voulez me dégoûter de mon projet ! vous n'y

parviendrez pas. Je suis persuadé, au contraire, qu'il est très-aimable !

LE DOCTEUR.

Dam ! ça dépend de la manière d'envisager la question. Pour vous en donner une idée, je vais vous raconter une de nos aventures. Nous avions dans notre caravane un Anglais et sa fille, miss Ellen, une blonde personne, à la fleur de l'âge, à la peau transparente comme le cristal et aux yeux d'un bleu à faire rougir le ciel d'Italie ! Un matin, son père, en entrant dans sa tente, s'aperçoit qu'elle a disparu ! Grand émoi ! Toute la journée se passe en recherches infructueuses. Le soir, enfin, nous pénétrons sans frapper, dans le wigwam du célèbre Topinambour, déjà nommé. Rien de suspect ne vient au premier abord offusquer nos regards. Le maître du logis était avec cinq ou six de ses ministres ou employés supérieurs, assis près d'un foyer à demi consumé. Ils fumaient leur calumet et avaient tous cet air béat et somnolent que produit d'ordinaire la digestion d'un dîner-succulent. Tout à coup, au moment où nous allions nous retirer, j'aperçois à terre briller quelque chose. Je me baisse et je ramasse...

LA MARQUISE.

Vous me faites trembler !

LE DOCTEUR.

Hélas! oui, tout ce qui restait de miss Ellen, le petit doigt de la main gauche, que l'appât d'une bague enrichie de pierres précieuses avait seul protégé contre la dent de ces cannibales!

LA MARQUISE.

Atrocité! Je me trouve mal! Mon flacon! Est-ce possible? Une jeune fille avoir un pareil sort! Si c'eût été vous, passe encore! Mais non, vous avez profité de ce que vous étiez trop coriace pour vous tirer de là sain et sauf! C'est toujours ainsi! Notre sexe est sans cesse sacrifié! Sonnez, sonnez bien vite qu'on apporte du thé. (Le docteur sonne.) Votre épouvantable récit m'a rendu mes palpitations de cœur! Si telle est votre manière de guérir, je vous en félicite. Je sens que je suis sous le coup d'un anévrisme et que je n'existerai plus demain! Vous serez responsable de ma mort!

LE DOCTEUR.

Allons donc! Vous n'avez pas plus d'anévrisme que moi, et je voudrais bien avoir la certitude de vivre aussi longtemps que vous! (Manette entre apportant un plateau.)

SCÈNE II.

LES MÊMES, MANETTE.

LA MARQUISE, à Manette.

C'est bien cela, mon enfant! Prépare-moi vite une tasse de thé avec beaucoup de sucre et une goutte de rhum! Croirais-tu que ce bourreau-là refuse de me regarder comme malade!

MANETTE.

Oh! monsieur! Si vous aviez été dans un coin de la chambre de madame, la nuit dernière, vous l'auriez prise en pitié, quoi! Elle poussait des soupirs à fendre l'âme! Jusqu'à la levrette qui s'est réveillée en sursaut et qui s'est mise à japper comme si on lui eût administré une volée de coups de bâton! Dam! elle était émue cette bête! (Elle présente une tasse à la marquise.)

LA MARQUISE.

Merci, ma bonne Manette. Tu me comprends au moins toi! Va bassiner mon lit. Je vais essayer tout à l'heure de me reposer un peu! (Manette sort.)

SCÈNE III.

LA MARQUISE, LE DOCTEUR.

LA MARQUISE.

Eh bien ! vous l'avez entendue ? Êtes-vous enfin convaincu ?

LE DOCTEUR.

Certainement. Je me suis laissé dire qu'hier le chevalier, plein d'enthousiasme pour une pointe de la Rosellina, avait étudié longuement, *in anima vili,* c'est-à-dire sur les jambes de cette danseuse, par quelle bizarrerie de la nature il était possible d'atteindre une semblable perfection. Cette étude l'aurait-elle attaché au point de lui faire oublier que vous l'attendiez ?

LA MARQUISE.

Insolent ! cruel ! Qu'est-ce qu'il vous faut donc pour vous toucher ? Tenez, écoutez la complainte que j'ai composée sur mes infortunes ! La musique amollit les rocs et je veux tenter cette dernière épreuve avant de vous maudire !
(Elle se met au clavecin.)

LE DOCTEUR.

J'ouvre les deux oreilles et je tire mon mouchoir.

LA MARQUISE, chantant.

Là-bas, dans le jardin, la brise du printemps
Avait fait naître un lis d'une blancheur divine;
Maintenant vers le sol tristement il s'incline :
Il n'a pu résister aux outrages du temps.

     Sa corolle, naguère,
     D'un brillant papillon,
     Fut, bonheur éphémère,
     L'odorante maison.

     Aujourd'hui que l'orage
     Au lis prit sa fraîcheur,
     Sans remords le volage
     Habite une autre fleur !

Docteur, je gagerais que cette parabole
Est, malgré votre esprit, lettre morte pour vous.
Eh bien, le lis c'est moi ! mon cœur est sa corolle;
L'orage, c'est l'hymen; le papillon, l'époux.

     Autrefois mes caprices
     Dirigeaient le marquis :
     Il eût pour un souris
     Franchi des précipices.
     Il me laisse au logis
     Depuis le mariage.

A d'autres son hommage !
Je suis pays conquis !

LE DOCTEUR.

C'est tout simplement navrant, ma parole d'honneur !

LA MARQUISE, se levant très-animée.

C'en est fait ! Puisque tout le monde insulte à ma douleur, je n'écoute plus rien. Dieu créa la beauté pour
qu'elle vive au soleil et non pour rester captive. Je vais
m'habiller, et dans une heure j'exécute une entrée au bal
de l'Opéra qui, demain, réjouira les lecteurs de *la Ga-
zette de la Cour*. Et, qui plus est, docteur, vous serez
mon complice, vous me conduirez, vous me donnerez le
bras, ou prenez garde à ma vengeance !

LE DOCTEUR.

Allons, allons, du calme, marquise ! Le dépit vous
agite ; n'y cédez pas, morbleu ! En courant trop vite, on
peut faire un faux pas. Ce qui vous est nécessaire pour
l'instant, c'est un émollient, un adoucissant que je m'en
vais vous composer avec toute l'habileté dont je suis
capable. (On entend, dans la coulisse un fracas épouvantable. Silence et
frayeur sur la scène.)

SCÈNE IV.

LES MÊMES, LE BARON DE FORTENCRAC.

LE BARON, entr'ouvrant la porte du fond, en costume
de Polichinelle du temps, un faux nez et parlant avec un fort accent gascon.

Peut-on entrer? Ah! fichtre! l'endroit est occupé. Ma
foi, tant pis! Je n'ai pas le choix du local. (Entrant tout à
fait et saluant.) Madame, monsieur, veuillez agréer mes très-
humbles excuses. Ma manière de me présenter manque
peut-être de quelque régularité. Malheureusement, pour
pénétrer jusqu'ici, j'ai été contraint d'assommer deux ou
trois laquais et d'embrasser une femme de chambre qui
s'opposaient à mon passage. Vous comprendrez par là
que je suis dans l'impossibilité de me faire annoncer.

LA MARQUISE et LE DOCTEUR, tremblants et à la fois.

Mais, monsieur...

LE BARON, interrompant.

Je vais, si vous le permettez, combler cette lacune. Le
polichinelle dont vous admirez en ce moment l'élégance
et la distinction, se nomme le baron de Fortencrac, gentilhomme gascon, arrivé ce matin même dans la capitale

pour prendre le commandement d'un régiment de mous-
quetaires... gris, auquel Sa Majesté a bien voulu l'appeler. En passant à minuit devant l'Opéra, l'idée lui vint
dans la cervelle de visiter ce monument. Après avoir fait
une toilette convenable, il mit enfin les pieds dans le
sanctuaire. Quelques compliments, fort bien tournés
pourtant, déplurent à une certaine dame de Parabère,
amie du régent, qui lança sur la piste du galant une
douzaine d'estafiers. Par bonheur, averti à temps par un
compatriote plein d'aménité, j'enfile un couloir, je saute
dans la rue, je traverse un carrefour, j'escalade un mur,
je me trouve dans une cour, je grimpe un escalier en
aplatissant plusieurs obstacles sans conséquence et j'ai, en
définitive, le plaisir de vous remercier de la gracieuse
hospitalité que vous daignez m'octroyer pour une heure
ou deux.

LA MARQUISE.

Sortez, monsieur, sortez! Savez-vous chez qui vous
êtes? Je suis la marquise de Fustemberg.

LE BARON.

Ah! madame le marquise, le ciel me traite vraiment
en enfant gâté, puisqu'il me permet enfin de contem-
pler cet astre dont les rayons sont tellement brillants

qu'ils sont venus souvent inonder de lumière jusqu'aux lointains rivages de la Garonne! Le caillou qui me tient lieu de cœur s'était embrasé déjà rien que sur votre réputation. Et ce bon vieux à tête grise est votre aïeul sans doute?

LA MARQUISE.

C'est mon époux.

LE DOCTEUR, étonné.

Hein?

LA MARQUISE, bas au docteur.

Silence! J'aurai plus d'assurance!

LE BARON.

Quoi! ce gros père est... Tiens, je me représentais autrement bâti l'heureux possesseur de ce trésor! Je me trompais. Après tout, M. le marquis n'en a peut-être que la nue-propriété! Entre nous, mon cher, je ne puis pas m'empêcher de vous dire que vous avez manqué de prudence. Avec un abdomen semblable et cette face de soleil en plein midi, vous auriez mieux fait de rester célibataire. Mon conseil arrive trop tard, hélas! comme tous les conseils en ce monde. Que diable voulez-vous? Prenez-en votre parti en brave. Ce n'est qu'une affaire d'ha-

bitude, je vous assure. Imitez ce portrait-là pendu sur
le mur : lorsqu'on lui fait la grimace, il ne cesse pas de
vous sourire.

LE DOCTEUR, furieux.

Ah çà ! tournerez-vous les talons ? Jean ! Pierre ! Manette ! A la garde ! Je vais vous faire flanquer à la porte !

LE BARON.

Inutile de vous égosiller ! Tous vos gens se sont éclip-
sés, éblouis par la splendeur de mon apparition et meur-
tris par quelques taloches que j'ai distribuées avec une
prodigalité princière. (S'asseyant.) Voyons, madame la marquise, je m'en rapporte à vous; raisonnons un peu.
L'aventure qui vous arrive n'a rien d'effrayant. D'abord
il ne faut pas me confondre avec un brigand. Je suis un
polichinelle de bonne souche, qui connaît son monde et
sait s'y tenir. Sous ce costume bat une âme susceptible
des sentiments les plus chevaleresques, et, croyez-moi, si
je vous vole quelque chose, bien fin sera celui qui en
découvrira la trace. Vous souriez ? J'ai cause gagnée.

LA MARQUISE, se rassurant un peu.

Il faut subir ce qu'on ne peut empêcher !

2

LE BARON.

Merci! Remarquez, en outre, que vous étiez là face à
face avec votre mari, qui, sous un prétexte que j'ai peine
à saisir, s'était fourvoyé dans votre retraite. Or je lis
sur votre visage que sa présence commençait à devenir
importune. Je vous délivre de ce tête-à-tête pénible, et
vous me rudoyez, c'est bien mal.

LE DOCTEUR.

Par la sambleu!!

LA MARQUISE, bas au docteur.

Soyez paisible, je le veux! Prenons-le par la douceur,
c'est le seul moyen de nous tirer d'affaire! (Haut.) Eh bien,
monsieur, quoique l'heure ne soit pas très-convenable,
je consens à user d'indulgence. Oubliant ce qui vient de
se passer, je vais faire un effort d'imagination. Supposons
que je reçois la visite d'un galant homme, qui, au sortir
du bal, ne s'est même pas donné le temps d'ôter son
déguisement, pour se rendre chez une pauvre recluse et
lui narrer les merveilles dont il fut témoin.

LE BARON.

Volontiers! J'entre en scène... Vous connaissez la
petite comtesse de Trapezunde?

LA MARQUISE.

Beaucoup. Nos paniers sortent de chez la même faiseuse !

LE BARON.

C'est là ce qu'on peut appeler de l'intimité. J'ai peur, maintenant que je vous sais si liées ensemble, de vous faire de la peine en vous mettant au courant de sa mésaventure.

LA MARQUISE.

Allez toujours ! Au moins cette excellente femme aura pour la plaindre et la défendre une véritable amie !

LE BARON.

Figurez-vous donc qu'en montant le grand escalier de l'Opéra, une de ses... comment appelez-vous ce gentil meuble à bouffettes roses qu'on attache au-dessus du genou ?

LA MARQUISE.

Je comprends.

LE BARON.

Enfin, l'une de ses... choses tombe. Un pierrot qui grimpait derrière s'en empare, et, comme de juste, ne veut s'en dessaisir qu'à la condition de la reposer lui-même. De là quelques hésitations, quelques pourparlers, au milieu desquels intervient une bergère fort sémillante, qui, se précipitant sur la pièce de conviction, la fourre dans sa poche et en réclame la propriété !

LA MARQUISE.

Et alors ?...

LE BARON.

Et alors, comme la partie adverse offrait de fournir la preuve devant témoins, la comtesse, plus rouge qu'une écrevisse, n'a d'autre ressource que la fuite. Le piquant de l'affaire est, qu'à tort ou à raison, on dit le comte rempli de bontés pour la bergère. On se perd en conjectures sur la vérité. Moi, je pense que la comtesse aura pris par mégarde un souvenir, un gage des amours profanes de son mari. Et vous ?

LA MARQUISE.

Très-drôle !... Baron, vous avez droit à une récompense... honnête. (Se levant et prenant une tasse sur le plateau.) Vous offrirai-je une tasse de thé ?

LE BARON, refusant.

Mille grâces !

LA MARQUISE.

Cela ne vous suffit pas? Vous êtes exigeant! Ah! j'y suis! Une aile de perdreau arrosée d'une bouteille de vin d'Espagne ferait bien mieux votre affaire. (Riant.) Moi même, il me semble qu'on m'a creusé un ravin dans l'estomac! Soupons... soupons!... Oui, mais vous avez si bien accommodé ma valetaille que... Ma foi! tant pis! (S'adressant au docteur.) Docteur (se reprenant)... Marquis, descendez avec monsieur dans l'office de la salle à manger, et rapportez de suite tout ce qui vous paraîtra digne de nous mettre sous la dent!... Moi, pendant ce temps, je préparerai la table.

LE DOCTEUR, maugréant.

Comment, vous consentiriez?...

LA MARQUISE.

Allez donc! Vous mourez d'envie de croquer quelque chose!

LE BARON.

Vous êtes divine!

LA MARQUISE.

Non, je suis sage; je trompe la faim du loup pour ne pas être dévorée par lui! (Le docteur et le baron sortent.)

SCÈNE V.

LA MARQUISE seule.

Elle apporte un petit guéridon au milieu de la scène et y met un tapis.

Je suis sage... sage... c'est-à-dire! Je ne sais pas trop! Si mon mari rentrait par extraordinaire?... Bah! Je suis folle! Est-ce que c'est possible? Et puis, après tout, qu'est-ce qu'il aurait à me dire? Pourquoi ne m'emmène-t-il pas avec lui? D'ailleurs, j'ai le bon docteur en tiers, et ce polichinelle n'est pas bien dangereux avec son vilain nez de carton! Comment peut être celui de dessous? Aquilin ou camard? Je ne suis pas curieuse, mais je voudrais bien sonder ce mystère! J'essayerai! Je parie pour l'aquilin! — Quel bizarre accent ils ont, ces gascons? On ne peut pourtant pas lui refuser de l'esprit. Il m'amuse! Ah! j'avais besoin de cette distraction pour me faire oublier mes tourments!... Et ce chevalier qui ne m'a pas donné signe de vie après le billet que j'ai eu la faiblesse de lui envoyer hier! Voilà les protestations des hommes! Je ne lui pardonnerai jamais, s'il n'a pas au moins une jambe cassée! (S'apercevant dans une glace.) Ah! mon Dieu! comme je suis décoiffée! J'ai l'air d'un caniche! (S'arrangeant.) Voyons, madame la marquise, il s'agit de soutenir l'honneur des Parisiennes! C'est une question d'État! Arrondissez-moi ces mèches par trop folichonnes! Placez une petite mouche au coin de l'œil, là... sans prétention! Déchiffonnez ces ruchés, et maintenant, Bordelaises, je vous défie!... Silence! le loup revient! Mettons-nous en défense!

SCÈNE VI.

LA MARQUISE, LE BARON.

LE BARON, chargé de plats et de bouteilles,
et déposant le tout sur le guéridon.

Ouf! voilà tout ce que j'ai pu découvrir! Il y en aura peut-être assez pour nous deux!

LA MARQUISE.

Eh bien?... Et mon mari?

LE BARON.

Tiens! je l'ai oublié dans l'office! Je crois même, cadédis! que j'ai tourné la clef sur lui! Eh oui! c'est étrange! je l'ai là sous mon pourpoint!

LA MARQUISE, furieuse.

Monsieur, c'est un guet-apens! c'est une infamie in-

digne d'un gentilhomme et d'un Français. Donnez-moi
cette clef, que j'aille sans retard...

LE BARON, <small>trés-respectueux.</small>

La voici, madame la marquise. Vous êtes libre d'agir
à votre guise, et, qui plus est, si vous l'exigez, quel que
soit le péril qui m'attende à votre porte, je vais à l'instant
vous débarrasser de ma présence. Mais, au moins, par
pitié, je vous en supplie, ne me condamnez pas sans
m'entendre.

LA MARQUISE, <small>un peu rassurée.</small>

Et que pouvez-vous invoquer pour votre défense?

LE BARON.

Vous m'avez fait un léger mensonge, dont j'ai eu le
tort de tirer vengeance. Telle est ma faute! Ne vous en
rapportant pas à moi, vous m'avez présenté, comme étant
votre mari, je ne sais quel vieux bonhomme, qui, seul,
n'a plus osé soutenir le rôle que vous lui aviez imposé,
et m'a avoué qu'il n'avait jamais eu ce bonheur! Un
pareil assemblage était-il admissible? Le corricolo du
mariage traîné, comme on en voit encore à Naples, par
un adorable cavale et un âne décrépit! Allons donc! j'ai
voulu vous prouver qu'il ne me fallait pas la présence

d'un importun pour m'apprendre à respecter les devoirs
de l'hospitalité. Si j'ai péché, daignez m'absoudre !

LA MARQUISE, riant.

Mais enfin, je ne peux pourtant pas laisser captif ce
malheureux docteur ! car c'est un membre de la Faculté
envers lequel vous usez de procédés si inqualifiables !

LE BARON.

Ne vous apitoyez pas sur son compte ! Il possède à sa
portée, comme dérivatif, un ample flacon plein d'une
liqueur purpurine, et je suis convaincu qu'il en usera
pour charmer sa détention. Veuillez, en outre, observer :
primo, qu'il vous a trahi, et conséquemment a mérité
une punition exemplaire ; secundo, qu'au lieu de le mettre
dehors avec tous les égards dus à son titre, j'ai préféré
que vous pussiez, en cas d'urgence, avoir recours à son
aide. Et puis, je n'ajoute ceci que pour mémoire, ne vous
paraissait-il pas vraiment pénible d'écorner notre festin
pour un convive gênant, et qui eût profité de sa position
de personnage muet pour ne nous abandonner que
des os ?

LA MARQUISE.

Vous argumentez fort bien ! N'empêche que je vais
être bourrée de remords. Allons, tâchons de les étouffer !

Offrez-moi votre bras pour nous mettre à table. (Ils s'installent.)

LE BARON, servant.

Permettez-moi, madame, de vous servir un membre de ce volatile?

LA MARQUISE.

Pas plus gros que cela ! avec beaucoup de gelée! (Portant la main à son nez.) Si vous vous débarrassiez?

LE BARON.

De mon nez? Je vous remercie, il ne me gêne pas, au contraire! (Versant à boire.) A la santé de ma gracieuse hôtesse ! n'oublions pas non plus son excellent docteur! Marquise, avouez que je suis décidément né coiffé.

LA MARQUISE.

Si ça vous fait plaisir, je veux bien! Mais, pourquoi?

LE BARON.

Pourquoi? Vous le demandez? Parce que je risquais fort de faire ce soir comme tous les polichinelles stupides et les arlequins idiots qui s'épanouissent aux feux du lustre de l'Opéra. Je risquais, dis-je, de faire semblant de m'amuser et de tâcher de me le persuader à moi-même sans parvenir à ce résultat. Mon étoile m'a conduit à vos pieds : c'est tout dire! Je sens déjà s'infiltrer dans mes veines ce poison bénit qu'on appelle l'amour...

LA MARQUISE, interrompant.

Baron, mangez, buvez, parlez tant qu'il vous plaira; mais pas de compliments surtout, ou je lève le siége et vais rejoindre le docteur. Réglez-vous là-dessus!

LE BARON, après un silence, buvant.

Délicieux petit vin que vous possédez là! Un bouquet, un arome! C'est du soleil liquide! Dans quelle partie du monde a-t-il pris naissance? Est-ce du xérès ou du malaga. Vrai, vous avez du bonheur si votre cave en regorge?

LA MARQUISE.

Adressez-vous à mon intendant. Est-ce que vous seriez marchand de vins?

LE BARON.

Non, pas précisément. (Regardant un tableau.) Quel ravissant pastel! Je reconnais là la main d'un maître; on ne m'y tromperait pas! N'êtes-vous pas de mon avis? Il n'y a que le pastel capable de donner à la peau d'une femme ce velouté de la pêche qui n'est pas encore séparée de l'arbre! Faites des vieillards à l'huile, si vous le désirez, mais ventre saint-gris! ne pastellisez, si je puis m'exprimer ainsi, que le beau sexe. On m'objectera, je le sais bien, qu'il n'y a pas de fixatif. La belle rengaine, en vérité! n'avons-nous pas le verre pour combattre l'effet destructif de la poussière? D'ailleurs, moi qui vous parle, je suis sur la piste d'un procédé qui, j'en suis persuadé, ouvrira aux arts une voie féconde et jusqu'alors inexplorée. Mon Dieu, bien que ce soit encore un secret, je puis vous le révéler! Vous prenez une certaine quantité de bromure de potassium que vous jetez dans une pinte d'eau de fontaine; vous placez le tout sur un feu doux; au bout d'une demi-heure de cuisson, vous y mélangez...

LA MARQUISE.

Si nous causions d'autre chose? Je ne suis pas artiste!

LE BARON.

De quel sujet, madame la marquise souhaite-t-elle que je l'entretienne?

LA MARQUISE.

Mais de... de... parbleu! c'est bien facile à trouver!...

LE BARON.

J'avais sur mes terres, l'année dernière, un braconnier qui, sans vergogne, s'adjugeait le plus clair de mon gibier. Depuis le sanglier jusqu'à l'alouette, tout devenait sa proie et je devais me contenter de ses restes. Je désespérais de pouvoir mettre un terme à ce vandalisme, lorsqu'un matin mon garde-chasse m'amena le dévastateur, qu'il venait de surprendre en flagrant délit. « Ah! coquin! m'écriai-je, tu vas me payer tes forfaits! Choisis entre recevoir cent coups de bâton, manger cent gousses d'ail, ou boire cent verres d'eau! » Après quelques réflexions préliminaires, il prit ce dernier parti. Mais au trentième verre il se sentit tellement gonflé qu'il demanda en pleurant qu'on lui permît de changer l'épreuve. J'y consentis. Mon homme n'avait pas ingurgité sa vingtième gousse d'ail, que, la bouche en feu, il me suppliait de lui faire administrer les cent coups de bâton, désir auquel je m'empressai d'obtempérer et qui fut rempli consciencieusement.

LA MARQUISE.

Je ne saisis pas très-bien le but de cette histoire, fort intéressante du reste.

LE BARON.

Je vais vous l'expliquer. Marquise : vous êtes comme
mon braconnier, vous craigniez les coups de bâton, c'est-
à-dire que je vous dépeignisse l'admiration qu'excitent
en moi vos attraits. Vous m'avez défendu de prononcer
le mot amour, et pour éviter cet écueil, vous vous êtes
condamnée aux supplices de l'eau et des gousses d'ail.
Maintenant vous en avez assez ; je patauge et vous ennuie.
Vous préférez les coups de bâton !

LA MARQUISE.

Je proteste contre votre interprétation. Je ne disconvien-
drai pas, pour vous satisfaire, qu'une conversation futile
ait seule des charmes pour nos faibles intelligences fémi-
nines. Au moins, je vous en prie, restons dans les géné-
ralités de peur de nous égarer. Parlons des amours des
autres !

LE BARON.

Vous m'indiquez le chemin de traverse. C'est long.
Mais qu'importe ! Tout chemin mène à Rome. — Et
d'abord vous m'auriez accordé sans doute une latitude
bien plus grande si j'avais commencé par vous dire...

LA MARQUISE.

Quoi ?

LE BARON.

Vous me forcez à vous le confesser ; je suis amoureux, amoureux fou !

LA MARQUISE.

Prenez garde !

LE BARON.

Rassurez-vous !

LA MARQUISE.

Ah! je croyais... Et celle pour qui vous soupirez ne s'est pas laissé encore séduire par un cavalier si accompli sous tous les rapports?

LE BARON, sérieux.

Puisque j'ai entamé le chapitre des aveux, je dois vous le terminer. Depuis longtemps déjà, dix longues années, je pouvais être heureux; il ne me fallait pour cela qu'un peu de cette amabilité que vous ne me permettez pas de déployer devant vous. La chère enfant ne demandait qu'à verser dans mon âme tous les trésors de la sienne. Je n'avais qu'à me pencher sur cette fleur pour en respirer le parfum. Par quel fatal aveuglement n'ai-je jamais cherché qu'à l'éviter? Quel infernal démon me poussait tête baissée, loin d'elle, dans cette fange dorée dont notre

suzerain nous donne le pernicieux exemple. Et aujour-
d'hui... (Se levant.)

LA MARQUISE.

Aujourd'hui elle ne vous aime plus! c'est bien fait!

LE BARON.

Non-seulement elle ne m'aime plus; elle en aime un
autre! Que la nature humaine a des replis bizarres!
Depuis que j'ai cette conviction, j'ai senti naître en mon
sein comme la flamme d'un brasier, des sentiments qui
couvaient sans doute sous la cendre épaisse de la dé-
bauche! Il n'est plus temps, hélas! En vain j'ai cloué sur
la poitrine du fat qui se vantait de sa conquête, un billet
que la pauvrette avait écrit dans un moment de défaillance
peut-être, et je me suis replongé dans l'orgie pour effa-
cer jusqu'à la trace de ces poignants souvenirs! Beau
remède! ma foi! Ah! tenez marquise, vous devez être
bonne, autant que belle! Je ne veux pas vous dissimuler
mes larmes. (Il met son mouchoir sur ses yeux.)

LA MARQUISE, émue.

Ne les dissimulez pas, baron! car elles vous honorent!
Celle qui les verrait couler sans pitié serait indigne du
nom de femme. Voulez-vous un bon conseil?

LE BARON.

Et lequel?

LA MARQUISE.

C'est d'aller le plus tôt possible vous jeter aux genoux de celle qui fait l'objet de vos regrets et de votre désespoir! Dévoilez-lui le fond de votre âme, comme vous venez de le faire devant moi! Peignez-lui votre douleur! Implorez le pardon de vos fautes, en atténuant la sienne. L'avenir vous dédommagera du passé. C'est moi qui vous en donne ma parole! Je m'y connais.

LE BARON.

Je vous obéis. Votre bouche me souffle une inspiration du ciel. De suite, je...

LA MARQUISE.

Pas tant de précipitation! Songez qu'il est bientôt deux heures du matin, et que, si des chats-huants de votre espèce rôdent la nuit tout entière, la fauvette ne chante qu'au lever de l'aurore.

LE BARON.

Et qu'importe! Puisque c'est...

3

LA MARQUISE.

Puisque c'est?

LE BARON, reprenant un ton sarcastique.

Madame la marquise, avez-vous lu l'Encyclopédie du xviiie siècle?

LA MARQUISE, surprise.

Hein! vous dites? Pourquoi cette question? Est-ce que je touche jamais à des horreurs pareilles.

LE BARON, prenant un couteau sur la table
et jouant machinalement avec.

Eh bien, entre nous, vous avez tort, grandement tort! Si vous faisiez votre lecture habituelle de cet estimable recueil, vous auriez découvert dans le dernier numéro un article fort palpitant d'intérêt. On y voit un père donnant à son fils, au moment de son mariage, des instructions très-sages, délayées dans une soixantaine de pages. Fais ceci, fais cela,... sois parfait, pour tout résumer en un mot, et puis, si malgré les qualités qui te distinguent ta femme te trompe, tue-la!!

LA MARQUISE, au paroxysme de la frayeur.

Qui vous a envoyé ici, monsieur?

LE BARON, tranquillement.

Mais, personne, madame! L'auteur, vous me l'accorderez, aurait certainement raison,... s'il avait le sens commun. Un mari parfait est en effet, comme la pierre philosophale, introuvable jusqu'à nos jours; c'est un mythe! Or, dès que le soleil se permet d'avoir une tache, je ne vois pas trop pourquoi la lune ne s'en passerait pas la fantaisie. Ce n'est qu'une question de grandeur de taches, et en semblable matière, la grandeur n'y fait rien... Quant à moi, si j'étais marié et si jamais j'apprenais que la femme, à qui j'ai confié l'honneur de mon nom, s'est penchée sur l'abîme en y plongeant un regard curieux, et bientôt, prise de vertige, va s'y précipiter...

LA MARQUISE, palpitant.

Alors!...

LE BARON.

Alors, j'irais droit à elle et ôtant mon faux nez. (Il le fait.)

LA MARQUISE, presque évanouie, tombant à genoux.

Ah! marquis, grâce!

LE MARQUIS, la relevant.

Je lui tendrais la main et je lui dirais : « Ma chère

Ida, rassurez-vous ; nous avons péché tous deux ; donnons-nous quittance et que les années écoulées soient effacées de notre mémoire ! Que notre mariage prenne sa date d'aujourd'hui. J'apporte mon repentir et un amour que rien ne pourra plus jamais détruire. » Et vous ?

LA MARQUISE, se jetant au cou de son mari.

Et moi, je signe le contrat de tout mon cœur !

SCÈNE VII.

LE DOCTEUR, LE MARQUIS, LA MARQUISE.

LE DOCTEUR, dans la coulisse.

Où est-il, le misérable ? Il faut que je me noie dans son sang, que je boive dans son crâne ! (Entrant et apercevant seulement la marquise.) Marquise, je viens vous défendre ! Ne craignez rien. Un régiment ne m'intimiderait pas ! Croiriez-vous que ce paltoquet a eu l'impudence de m'enfermer dans l'office ! Heureusement, quand j'ai eu fini... hum ! je me suis rappelé qu'une porte donnait sur l'escalier de service. Je me suis précipité comme un furieux par cette issue et j'accours ! Disposez de moi, sacrebleu ! où est l'ennemi ?

LA MARQUISE, riant en montrant le marquis.

Le voici!

LE DOCTEUR, reculant et balbutiant.

Ah!... Ah!... marquis, c'était vous! Au moins si vous m'aviez dit...

LE MARQUIS.

Docteur, excusez-moi. J'avais encore besoin de vos lumières et j'ai pris la liberté de vous retenir... malgré vous. Madame la marquise, dont les nerfs sont depuis quelque temps surexcités d'une manière inquiétante, me priait de la conduire dès demain faire un voyage où il lui plaira! Pensez-vous que cette excursion puisse avoir sur sa santé une influence salutaire?

LE DOCTEUR, les regardant, ébahi.

Mais...

LA MARQUISE.

Vous voyez bien! Il a dit oui d'enthousiasme. Ah! mon Dieu! que je suis heureuse! N'est-ce pas, mon bon docteur, que je suis bien heureuse!!

FIN DE L'APUREMENT DES COMPTES EN MÉNAGE.

PARIS. — J. CLAYE, IMPRIMEUR, 7, RUE SAINT-BENOIT. — [881]

www.ingramcontent.com/pod-product-compliance
Lightning Source LLC
LaVergne TN
LVHW022201080426
835511LV00008B/1505